NOTICE

SUR

M. L'ABBÉ PIERRE-CHARLES HANNESSE

CHANOINE HONORAIRE DE REIMS

CURÉ-DOYEN D'AY

IMPRIMERIE COOPÉRATIVE DE REIMS, RUE PLUCHE, 24

(Par délégation . N. Monce).

1879

NOTICE

SUR

M. L'ABBÉ PIERRE-CHARLES HANNESSE

CHANOINE HONORAIRE DE REIMS

CURÉ-DOYEN D'AY

IMPRIMERIE COOPÉRATIVE DE REIMS, RUE PLUCHE, 24

(Par délégation . N. MONCE).

1879

NOTICE

SUR

M. L'ABBÉ PIERRE-CHARLES HANNESSE

Pierre-Charles Hannesse naquit à Rethel, le 11 septembre 1825, de parents honorables, profondément religieux et fut baptisé le jour même de sa naissance; il eut pour parrain son frère aîné qui allait achever au Petit Séminaire de Reims ses études commencées à l'ancien collége de Rethel. Deux de ses grands oncles, prêtres, avaient confessé la foi pendant la révolution de 1789[1].

Ayant sous les yeux de pareils exemples, Charles se forma de bonne heure à la piété; déjà aussi se manifes-

[1] M. Vuilquin, son arrière-grand oncle paternel, après avoir administré la paroisse des Petites-Loges, était curé de Chigny quand la Révolution l'obligea de s'exiler et de chercher un refuge en Allemagne. Tirant parti de quelques connaissances en médecine, il put se suffire à lui-même et subvenir encore aux besoins de plusieurs de ses confrères. Quand la paix fut rendue à l'Eglise, M. Vuilquin revint se fixer à Rethel, son pays natal, où il fut nommé aumônier de l'Hospice. Il mourut en 1808, âgé d'environ 74 ans.

M. François Colinet, grand oncle maternel de M. Ch. Hannesse, né à Rethel en 1762, entra dans l'ordre de Prémontré; il était religieux à l'abbaye de Saint-Martin de Laon quand éclata la Révolution. Jeté en prison, condamné à la déportation, il fut conduit à l'île de Ré avec quatorze prêtres de Laon (4 août 1798). On a retrouvé dans ses manuscrits les détails de leur pénible itinéraire et un poëme intitulé : *Le tableau de la citadelle de Ré*, où sont retracées les souffrances des prêtres entassés dans cette forteresse. M. Colinet composa encore dans sa prison d'autres écrits. Après la tourmente, il put revenir et fut nommé curé d'Ardon près Laon (1808-1841). Il mourut à Laon, le 24 février 1850.

tait son caractère vif, plein d'entrain et de fermeté. Enfant de cinq ans il suivait avec le sérieux et l'application d'un vrai soldat les exercices de la garde nationale et son petit air martial lui avait gagné l'affection des officiers. Mais Dieu l'appelait à une autre milice.

Lorsqu'il eut atteint sa dizième année, son frère M. Pierre Hannesse, alors directeur du Petit Séminaire, obtint que l'éducation de son filleul lui fût confiée. Notre jeune séminariste apporta la préparation la plus sérieuse au grand acte de sa première communion et en conserva toujours un précieux et salutaire souvenir (29 juin 1836). D'heureuses dispositions naturelles, fécondées par un travail ardent et opiniâtre, lui obtinrent dans ses classes, des succès constants, malgré quelques interruptions causées par la maladie; on craignit même un instant qu'il ne pût continuer ses études. Dieu, qui voulait faire de lui un prêtre utile à l'Eglise, lui rendit, dès la classe de Rhétorique, une entière santé; il lui donna aussi la lumière pour l'éclairer dans l'examen de sa vocation et le guider au milieu de ses perplexités.

Entré au grand séminaire, il mit autant d'application à l'étude de la théologie qu'il en avait apporté à celle des lettres. Longtemps après il aimait encore à parler de ses maîtres ; mais celui pour lequel il conservait la plus profonde vénération, c'était le digne Supérieur, M. Aubry. Il l'avait choisi pour le directeur de son âme et il eut recours à ses conseils jusqu'à la mort du saint prêtre.

M. Charles Hannesse reçut la tonsure des mains de Mgr Gousset à l'ordination de la Trinité (1843) et l'année suivante les ordres mineurs; il était trop jeune pour avancer aux ordres sacrés et dès que ses cours de théologie furent terminés il revint avec joie au petit séminaire et commença la carrière du professorat que seule la maladie le força d'abandonner après dix-sept ans de labeur. Il professa successivement la quatrième (1846), la troisième (1849), la seconde (1851). En même temps il était appelé au sous-diaconat (19 décembre 1846), un an après, au diaconat; il reçut la prêtrise à l'ordination de Noël (1848).

Pendant cette année 1848, l'agitation avait été profonde dans les esprits; à Reims l'incendie d'une des principales usines, l'attaque de plusieurs communautés religieuses furent les tristes suites de l'effervescence populaire. M. Lambert calme et grave veillait aux portes du séminaire, M. Hannesse allait et venait cherchant à découvrir les desseins des émeutiers.

L'orage passa et bientôt au sein des Chambres s'agita la grande question de la liberté de l'enseignement secondaire. Tandis que les champions de l'Eglise luttaient dans le parlement, les évêques se préparaient à profiter de la victoire. L'Ecole des hautes études fondée à Paris en 1845, dans l'ancienne maison des Carmes, ouvrit ses portes à des sujets d'élite envoyés pour conquérir leurs grades universitaires. Mgr Gousset jeta les yeux sur M. Charles Hannesse et le jeune professeur entra aux Carmes en 1850 [1]. Pour obtenir la licence, le

[1] Il eut le bonheur d'y trouver pour supérieur M. Cruice, plus tard évêque de Marseille et pour maîtres de conférences des hommes éminents comme Mgr Lavigerie, Mgr Freppel, Mgr Hugonin.

grade de bachelier était indispensable et la session des examens allait se terminer. M. Hannesse voit à la hâte les matières du programme et subit l'épreuve de la manière la plus brillante. Il ne pensait plus qu'à terminer le cours des hautes études quand les circonstances le rappelèrent subitement à Reims. Mgr Gros, évêque de Versailles, avait obtenu, à force d'instances, M. Lambert pour vicaire général; M. Thuillier, nommé supérieur du Petit Séminaire, demanda le concours de M. Ch. Hannesse qui vint prendre la classe de Rhétorique (1851) et la conserva douze ans.

Ce qu'a été M. Hannesse comme professeur, ses collègues qui lui survivent, ses nombreux élèves pourraient le redire. Former à la fois l'esprit et le cœur des jeunes gens, tel a été son but, il y consacra toute l'ardeur et l'énergie de son caractère. Ses classes étaient toujours préparées avec le plus grand soin et il mettait son application à les rendre intéressantes; travaillant lui-même sans compter avec ses forces, il demandait à ses élèves un travail soutenu. Longtemps il fut chargé de diriger la division des plus jeunes et par une exacte surveillance il aidait le vénérable Supérieur à maintenir dans la maison une sage discipline. Ce n'était pas assez, il s'efforçait de faire avancer les jeunes séminaristes dans la pratique des vertus et ceux qui l'ont choisi pour directeur de leur âme se rappellent encore sa sollicitude et ses conseils.

Il aimait l'entrain partout, dans les récréations comme dans le travail; que de fois il prit part aux jeux des élèves, aux parties de barre ou de balle. Y avait-il quelque cérémonie, une procession, des reposoirs à préparer, M. Hannesse avait bientôt dressé ses plans; entouré d'un bataillon d'élèves, il les exécutait rapidement. Quelle activité il déploya lorsque l'ancienne chapelle disparut pour faire place à un monument plus digne.

Après trois ans d'absence. M. Lambert était revenu au milieu des siens (1854). M. Hannesse voulut rendre au digne Supérieur en dévouement et en affection, ce qu'il en avait reçu en sollicitude et en tendresse depuis l'année de sa première communion. Dès lors s'établirent ces liens de douce et respectueuse amitié que la mort seule a pu rompre et dont le souvenir était encore une consolation pour M. Hannesse dans sa dernière maladie.

En 1855, il perdit l'un de ses frères, enlevé par une mort soudaine, son père, et quelques années après, sa mère; la douleur qu'il en ressentit fut vive, car il vénérait ses parents et il a toujours témoigné à toute sa famille la plus tendre affection.

Les occupations multipliées du séminaire ne faisaient pas négliger au jeune professeur les autres fonctions qui lui furent confiées. En 1851 et 1852 il fut heureux de donner son concours à l'œuvre des soldats; ses manuscrits conservent, avec les causeries familières qu'il leur adressait, les noms des militaires assidus aux réunions. Plus tard (1854-1855) c'est au pensionnat des Frères que M. Hannesse exerce son zèle, il prépare avec le plus grand soin ses catéchismes et ses instructions.

Il est nommé en 1859 aumônier de l'hôpital de Saint-Marcoul; son souvenir est resté vivant dans cette maison, on y redit son affection pour les enfants, sa vigilance auprès des malades, le concours actif qu'il donnait aux religieuses pour les aider dans leur œuvre de dévouement.

Ces travaux ne suffisaient pas encore à l'activité de M. Hannesse; allongeant les jours par une notable portion des nuits, il trouva du temps pour s'occuper d'œuvres littéraires. M. l'abbé Cerf avait conçu le projet d'un vaste travail sur la cathédrale de Reims, qu'il connaît si bien, où s'est passée sa vie presque entière; il demande le concours du professeur de Rhétorique, lui soumet le fruit de ses laborieuses recherches; ensemble ils mènent à bonne fin l'*Histoire et Description de Notre-Dame* [1]. Lorsqu'ils vinrent offrir leur ouvrage à Mgr Gousset, le bon Cardinal donna à M. Ch. Hannesse le titre de chanoine honoraire, comme une marque de sa bienveillance et un encouragement au travail (1861).

L'Académie de Reims avait mis pour la quatrième fois au concours, une *Etude sur le Sacre*; le sujet était magnifique mais difficile à traiter; M.Hannesse se mit à l'approfondir, à l'étudier avec amour et au mois de juillet 1863 la docte assemblée couronnait son travail en lui décernant une médaille d'or; le prix était partagé avec M. l'abbé Quéant, aujourd'hui doyen d'Asfeld [2].

Au milieu de toutes ces fatigues, la santé de M. Hannesse s'altérait, une maladie d'estomac lui causait de violentes douleurs; il aurait voulu n'en rien laisser pa-

---

[1] *Histoire et Description de Notre-Dame de Reims* par Ch. Cerf, chanoine honoraire avec la collaboration de P.-C. H. professeur de Rhétorique. 2 vol. in-8° avec planches et gravures (Dubois. — 1861)

[2] M. l'abbé Quéant a fait imprimer son travail: *Le Sacre*. Études historiques, philosophiques et religieuses, par M. l'abbé Quéant. 1 vol. in-8° Paris Dumoulin. 1868.

raître et les jours où sa classe avait le plus d'animation étaient ordinairement ceux où il souffrait davantage; mais quand il rentrait à sa chambre, il était brisé.

Enfin il dut quitter l'enseignement et son cher séminaire (août 1863); avec lui sortaient de cette maison bénie deux de ses neveux, qu'il avait entourés, dès leur enfance, de la plus paternelle affection; il eut la consolation de les voir prêtres tous les deux; le plus jeune est allé recevoir sans doute au ciel sa récompense[1]. M. Hannesse chercha un peu de repos dans l'orphelinat de Bethléem près du *Bon Père* Charlier qui l'accueillit avec son cœur si affectueux. Là encore il retrouvait des enfants auxquels il se mit à apprendre les premiers éléments de la science.

Ce fut pendant ce repos d'une année à Bethléem que M. Hannesse réalisa un projet qu'il nourrissait depuis longtemps, il accomplit le pèlerinage de Rome (mars 1864). Avec son ardeur habituelle, il visita les monuments de cette Rome ancienne dont tant de fois il avait parlé dans ses classes; mais surtout il vénéra avec amour les pieux sanctuaires que la Ville éternelle offre à la piété des catholiques. La capitale du monde chrétien était libre alors; le souverain Pontife pouvait passer au milieu de ses enfants, présider les splendides cérémonies des basiliques. Le pieux pèlerin assista aux offices de la semaine sainte dans les principales églises de Rome. Mais un des jours

[1] M. Paul Hannesse, né à Reims, le 31 décembre 1845, après avoir fait ses études au petit séminaire, passa cinq années à la maison paternelle, rentra au grand séminaire en 1868; il fut nommé 2e aumônier du pensionnat des Frères de Reims, puis aumônier de l'Assomption de Sedan. Il mourut le 17 décembre 1873.

les plus heureux de sa vie fut celui où il put se jeter aux pieds de Pie IX et entendre dans une audience particulière, la parole du Vicaire de Jésus-Christ (31 mars 1864); de précieuses bénédictions lui furent accordées pour lui et pour sa famille. Depuis un mois déjà il était à Rome et il ne pouvait s'en arracher; enfin le 14 avril il visita Naples, revint par l'intérieur jusqu'à Florence; l'état de sa santé l'obligea de hâter son retour.

Ce voyage fut un de ses plus délicieux souvenirs. Sans doute il fut charmé des beautés de l'Italie, mais il était surtout heureux d'avoir mis le pied dans le centre de la catholicité, *d'avoir vu Pierre*. Il avait trouvé dans ce pèlerinage une douce satisfaction à son amour, à son dévouement absolu pour le Saint-Siége; les sentiments qui l'avaient toujours animé prirent une nouvelle ardeur.

Hâtons-nous d'ajouter qu'il y joignit toujours aussi le respect le plus filial, l'obéissance la plus entière à l'égard du Pasteur, qui à la tête du diocèse, partage la sollicitude du Pontife suprême; jusque dans les étreintes de la mort il renouvelait une protestation de respect et de soumission à son archevêque.

A la mort de M. Richard, Mgr Gousset nomma chanoine titulaire le vénérable doyen de Fismes, M. l'abbé Prioux, et désigna pour le remplacer M. Ch. Hannesse (23 juin 1864). « C'est le professorat, dit alors le Cardinal, que je veux honorer et récompenser en lui. » Une vie nouvelle allait commencer pour l'ancien professeur; les travaux littéraires faisaient place aux œuvres du saint ministère. M. Hannesse s'y livra avec toute l'activité de son zèle. Persuadé que c'est surtout par l'instruction chrétienne que l'on peut être utile aux âmes, il donnait tous ses soins aux catéchismes; ses prônes du dimanche étaient tous écrits, il les complétait par un catéchisme de persévérance. Ce fut pour lui une consolation de trouver un noyau de véritables chrétiens, fidèles à tous leurs devoirs; mais sa sollicitude s'étendait plus loin, il eût voulu entrer en relation avec tous ses paroissiens pour faire du bien à tous. En même temps, il se montrait plein d'affabilité pour ses confrères, surtout pour ceux de son canton. Toujours d'ailleurs il a pratiqué la plus cordiale hospitalité; on était sûr de le rendre heureux, en le visitant, en s'asseyant à sa table.

Après la sanctification des âmes la principale préoccupation de M. le Doyen fut l'ornementation de la maison de Dieu. L'église de Fismes, remarquable par son ensemble et par l'antiquité de plusieurs de ses parties, vit son portail restauré; on y rappela le souvenir des événements importants dont ce temple avait été le témoin, comme les conciles d'Hincmar (881) et d'Artauld (985). Dans la vieille tour romane une seule cloche avait été laissée en 1793; grâce à des dons généreux la sonnerie fut complétée et en 1865 (juillet et octobre) Mgr Gousset vint bénir deux nouvelles cloches. M. Hannesse eut surtout à cœur de relever le culte de Sainte-Macre, patronne de Fismes, où elle fut martyrisée [1]. Une petite

---

[1] Sainte-Macre périt dans la persécution de Dioclétien, sous le cruel Rictiovare. Une croix dite *de la Mission*, marque l'endroit où elle subit le martyre. Le corps de Sainte-Macre fut placé au VIe siècle dans l'église de Saint-Martin puis dans l'oratoire que remplace l'église actuelle. En 1793, une pieuse femme M[e]. Barbey de Chambrécy put sauver les précieuses reliques.

chapelle, située à gauche du sanctuaire, avait été fermée, elle servait de décharge à la sacristie; elle fut ouverte, restaurée et devint l'oratoire de la sainte martyre: là reposent ses glorieuses reliques dans une châsse ornée et embellie. Déjà M. Prioux avait fait placer dans les basses-nefs quelques verrières représentant l'histoire de Sainte-Macre, M. le Doyen compléta l'œuvre de son prédécesseur, et pour mieux faire connaître encore aux Fismois leur patronne, pour exciter leur amour et leur confiance il écrivit d'abord une notice sur la *Confrérie de Sainte-Macre en 1726*[1]; puis une *Histoire de Sainte-Macre*[2], qui renferme en abrégé l'histoire de la ville de Fismes.

Les années s'écoulaient au milieu de ces occupations, quand soudain éclata la terrible guerre avec la Prusse (juillet 1870). Bientôt la France est envahie; Fismes, située sur la route de Paris, est sans cesse traversée par les armées ennemies. Il fallait entendre M. Hannesse raconter les épisodes de ces jours douloureux pour comprendre combien dut souffrir son cœur ardent, tout rempli de l'amour de son pays. Il entendit avec tristesse le bruit du canon de Soissons, fort d'abord, puis s'éteignant peu à peu dominé par les énormes pièces prussiennes envoyées de Metz. Le 2 novembre ramenait la *Fête des Morts*, M. le Doyen va trouver le co-

---

[1] *Confrérie de Sainte-Macre en 1726, son origine, ses statuts, son histoire; membres de la Confrérie en 1726*, brochure in-18 de 36 pages. Reims. Dubois. 1865,

[2] *Histoire de Sainte-Macre, vierge martyre, patronne de Fismes, de Fère-en-Tardenois et de Longueval-lès-Fismes*, par Ch. Hannesse. Brochure in-18 de 91 pages. Reims. Dubois. 1866,

lonel prussien et lui expose que c'est la coutume dans nos pays de sonner les cloches une partie de la nuit. — « Je ne permettrai pas celà, répond fièrement l'officier » — « Je ne viens pas vous demander une permission, reprend M. le Doyen, mais seulement vous prévenir de nos usages pour éviter toute surprise » — et il quitte brusquement le colonel. Les cloches demandèrent comme d'habitude la prière des vivants pour les morts.

La guerre devait amener pour M. Hannesse des changements auxquels il ne pensait pas. En 1854, Monseigneur Gousset avait fondé à Rethel un collége ecclésiastique ; profitant de la liberté accordée à l'enseignement secondaire, il voulait offrir aux familles, avec une instruction solide, une éducation vraiment chrétienne. Sous le haut patronage du Cardinal, secondé par de zélés Directeurs, le Collége acquit rapidement une grande prospérité ; il comptait 185 élèves quand l'invasion prussienne ferma les classes ; les bâtiments furent transformés en ambulances.

A la suite de nos désastres, il semble impossible de continuer l'œuvre du Cardinal Gousset, il est question d'abandonner l'Institution Notre-Dame ; n'écoutant que son cœur, M. Ch. Hannesse s'offre à Monseigneur Landriot pour tenter un dernier effort, il renonce à sa cure de Fismes et part pour Rethel. Mais en quel état il trouve le Collége après sept mois d'occupation prussienne ! dans les bâtiments dévastés, huit élèves seulement rentraient au mois d'avril 1871. Au mois d'octobre suivant, le Collége compte cent quarante-quatre élèves ; ce chiffre s'augmente encore pour ne plus décroître ;

bientôt les dettes sont payées, l'acquisition de nouveaux terrains dégage la maison de voisinages incommodes. La chapelle est ornée de peintures, décorée autant que son état le permet [1].

Tout ce qui peut contribuer à la santé des élèves est l'objet d'une attention spéciale ; mais c'est surtout à l'instruction et à l'éducation des jeunes gens que le Directeur réserve sa plus vive sollicitude. Le zèle des professeurs et le travail des élèves furent attestés chaque année par de nombreux succès aux examens du baccalauréat, et à ceux qui donnent accès dans les écoles du gouvernement et dans les différentes administrations. Le bon esprit du Collége, la franche piété qui y règne ont frappé tous ceux qui purent s'arrêter dans cette maison.

Pour obtenir des résultats aussi consolants il avait fallu le travail de tous ; mais on peut dire que le Directeur s'était réservé la plus lourde part : il veillait à tout, ne négligeait aucun des plus petits détails, exerçant la surveillance, bien souvent professeur lui-même. Pour lui, il n'y eut plus de repos, quelques heures de sommeil lui suffisaient. En 1874 une mort prématurée enleva subitement M. l'abbé Justinart, son ami et son aide, qui depuis si longtemps gérait avec une admirable économie les intérêts du Collége ; le Directeur prit sur lui la nouvelle charge. Il fut soutenu dans ses travaux par les encouragements de Monseigneur Langénieux,

[1] Une nouvelle chapelle va être construite. Elle n'est pas oubliée dans les dons généreux que M. Hannesse, en mourant, a faits au Collége Notre-Dame.

dont une des premières visites fut pour le Collége de Rethel. Il était heureux aussi de sentir la maison placée sous la protection spéciale de Marie Immaculée. M. Hannesse avait toujours eu une dévotion particulière pour ce glorieux privilége de la Mère de Dieu; aussi, profitant d'un instant de liberté aux vacances de 1876, il se joignit au grand pèlerinage de Notre-Dame de Lourdes; il voulut de plus qu'une bannière fût déposée au nom du Collége dans la Basilique, comme un témoignage de reconnaissance et un appel à de nouveaux bienfaits.

L'Institution Notre-Dame était prospère; M. Ch. Hannesse qui s'était dévoué pour la relever, sentait sa mission remplie, il offrit donc à Monseigneur l'Archevêque de laisser à d'autres le soin de continuer l'œuvre; le Collége fut remis entre les mains de M. l'abbé Guillin qui, depuis 1871, avait partagé les travaux du Directeur.

Le 27 septembre, à la fin de la Retraite ecclésiastique, M. Marquet, curé-doyen d'Ay, mourait à l'Hôtel-Dieu de Reims, où il avait été aumônier pendant treize ans. Depuis quatre ans à peine il avait succédé au vénérable M. Rousseau, curé d'Ay pendant trente années. Monseigneur voulut bien désigner M. Ch. Hannesse pour la cure vacante (octobre 1876). Tel il avait été à Fismes, tel le nouveau Doyen se montrera dans l'importante paroisse qui lui est confiée; on peut même dire, qu'en présence des besoins plus pressants de ces derniers temps, il se livra avec un zèle plus grand encore à l'éducation religieuse des enfants, surtout par les catéchismes. Il ne négligea aucun des autres moyens de travailler au salut de ses paroissiens. Des œuvres de piété avaient été établies par ses prédécesseurs : la dévotion au Sacré-Cœur de Jésus, l'association des Enfants de Marie, l'archiconfrérie du Saint-Cœur de Marie, avec le Salut chaque dimanche ; conserver ces œuvres, leur donner une vie nouvelle, ce fut l'objet de tous ses soins ; il y ajouta l'œuvre des Mères chrétiennes.

L'affection et le dévouement que M. Hannesse avait témoignés aux communautés religieuses de Fismes, il les retrouva pour celles d'Ay, pour les Sœurs de Saint-Vincent de Paul qui prodiguent leurs soins aux malades de l'Hospice, pour les Frères des Ecoles chrétiennes et les Sœurs de la Providence, qui donnent l'instruction aux enfants. Pouvait-il oublier les écoles, celui dont presque toute la vie s'était passée dans les fatigues de l'enseignement ; il prenait au sérieux son titre de secrétaire de la Délégation cantonale ; son rapport du mois de juillet 1879 est presque la dernière page qu'ait pu tracer sa main affaiblie par la maladie.

Les prêtres du canton eurent bientôt compris combien leur Doyen les aimait, avec quel bonheur il les accueillait chez lui. M. Hannesse fut heureux aussi de recevoir de temps en temps les professeurs du Collége de Rethel ; on fit plus, une grande promenade fut organisée, et les élèves vinrent, musique en tête, rendre visite à leur ancien Directeur.

L'église d'Ay est un des plus beaux édifices religieux que le xve siècle ait légués à nos contrées ; d'intelligentes restaurations ont réparé les ravages du temps. Depuis dix ans surtout, sous l'administration de M. Rousseau, puis de M. Marquet, plus de 160,000 francs, dus à la générosité du Conseil municipal et des habitants, ont été dépensés pour consolider, compléter, orner l'édifice. Il ne reste plus à restaurer que le portail et la tour avec sa flèche; un incendie a dévasté, en 1600, cette partie, peut-être la plus intéressante du monument. La dépense sera considérable, mais comptant sur le concours si dévoué de M. le Maire et sur la générosité inépuisable des paroissiens, M. le Doyen prépare les moyens de compléter l'œuvre de ses prédécesseurs; lui-même s'inscrit pour 1,000 francs sur la liste de souscription. Pendant qu'on dresse les plans, il compose et distribue dans la paroisse un petit *Essai sur l'église d'Ay*[1]; le monument y est décrit, son histoire racontée, les noms des bienfaiteurs conservés.

Au milieu de tous ces travaux, et presque sans qu'il s'en aperçut, la santé de M. Hannesse s'affaiblissait; la préparation des enfants à la première communion et à la confirmation (1er et 2 juin 1879) lui apporta un surcroît de travail. Le jour de la confirmation, en saluant Monseigneur l'Archevêque à l'entrée du sanctuaire, il rappela, en termes émus, ses prédécesseurs et le bien qu'ils avaient fait, ne pensant pas qu'il fût lui-même si près de les rejoindre dans la tombe. Il put célébrer encore les fêtes du Très-Saint Sacrement; le jeudi après la fête du Sacré-Cœur (26 juin) il se rendit à l'église

---

[1] *Essai sur l'église d'Ay, sa description, son histoire.* Brochure in-8° de 24 pages. Charleville, Pouillard, 1878.

pour dire la messe comme à l'ordinaire; mais frappées par la décomposition de ses traits, les personnes présentes l'engagèrent à retourner en toute hâte au presbytère. M. le Doyen fit avertir son frère, chanoine à Reims, qui, dès lors, vint chaque dimanche le remplacer à Ay ; ne pouvant plus monter à l'autel, et ce fut là sa plus grande privation, il voulut au moins, le dimanche, assister à la sainte messe pour donner jusqu'au bout le bon exemple à ses paroissiens; une défaillance lui fit comprendre qu'il devait se priver même de la consolation d'aller à l'église. Une anémie fort avancée le minait, le cœur était menacé : M. le docteur Griffon, par ses soins intelligents et dévoués, conjura le premier danger, et comme un changement d'air parut nécessaire, M. Hannesse vint à Reims et descendit chez son neveu, aumônier de la Divine-Providence, dans un des quartiers les plus sains de la ville.

Dieu lui envoyait l'épreuve la plus pénible pour lui en le condamnant au repos, à l'inaction forcée. Le corps souffrait peu, mais l'esprit était dans une peine continuelle; malgré les soins attentifs dont toute sa famille l'entourait, sa pensée se portait continuellement vers cette autre famille spirituelle au bien de laquelle il aspirait de travailler encore ; et plusieurs fois, au risque de compromettre le mieux qui se manifestait, il fut sur le point de retourner dans sa paroisse. Enfant obéissant et docile, il se soumit pleinement aux conseils de Monseigneur l'Archevêque, qui eut la bonté de venir le visiter; cette démarche toucha profondément le malade. Sa suprême consolation était de pouvoir presque chaque jour recevoir la sainte communion, qu'on lui apportait de la communauté de la Divine-Providence; toujours il voulut se lever, communier à genoux, et dès qu'il le put, à la chapelle. Le 23 août, il se crut assez fort pour dire la messe, il eut bien de la peine à achever le saint sacrifice : huit jours après il put de nouveau monter à l'autel, ce fut la dernière fois. Les forces ne revenaient que lentement, trop lentement, au gré de M. Hannesse, il espéra qu'un voyage hâterait la guérison; profitant des derniers beaux jours de la saison, il partit pour Sermaize, au commencement du mois de septembre, accompagné par son neveu : ce voyage devait lui être fatal.

Le lundi, 8 septembre, une crise d'estomac survint, et le lendemain son état était assez grave pour qu'on jugeât à propos de lui donner le saint Viatique et l'Extrême-Onction. M. Hannesse les reçut avec la foi la plus vive, la piété la plus fervente et une entière résignation à la volonté de Dieu, qui lui envoyait la mort loin des siens. Il fut consolé par la présence de son frère, parti de Reims en toute hâte, et par l'arrivée de quelques-uns des membres de sa famille; une sœur de l'Espérance, appelée de Bar-le-Duc, prodigua ses soins au malade. Les jours suivants une légère amélioration vint rendre à tous un peu d'espoir; mais une nouvelle crise fit comprendre que la fin approchait. Du lundi, 15, au mercredi matin, ce fut comme une longue agonie pendant laquelle M. Hannesse conserva toute sa présence d'esprit; ce qu'il y avait de plus frappant, c'était son calme et sa tranquillité en présence de la mort. Il en parlait comme s'il se fût agi d'un autre ; il témoignait une vive reconnaissance des soins qu'on lui donnait ; la sœur garde-malades en était touchée jusqu'aux larmes ainsi que les personnes chez qui M. Hannesse était descendu, et qui montrèrent une obligeance si dévouée; pas une plainte ne sortit de sa bouche. Le pieux malade, assisté dans ces derniers moments par le frère qui l'avait porté sur les fonts du baptême, écoutait avec bonheur les pensées, les actes qu'on lui suggérait, il s'unissait aux prières qu'on faisait auprès de lui. Que de fois il baisa son crucifix et son scapulaire ! Sentant la mort approcher, il bénit tous ses paroissiens, et, dans la personne de son neveu, agenouillé auprès de son lit, tous les membres de sa famille, qui n'avaient pu accourir auprès de lui. Une fois encore il reçut le saint Viatique, et le mercredi matin (17 septembre), vers six heures et demie, il rendit son âme à Dieu.

Quelques instants après arrivait la bénédiction paternelle de Son Excellence Monseigneur l'Archevêque. Avant de mourir, M. Hannesse avait exprimé la volonté formelle d'être enterré dans sa paroisse d'Ay. M. le Directeur du Collége de Rethel, qui aurait souhaité emporter cette chère dépouille, dut s'incliner devant ce dernier désir.

Après un service célébré à Sermaize, le vendredi matin, le corps fut ramené à Epernay. M. de Mareuil, maire d'Ay, et plusieurs membres du Conseil de fabrique se trouvaient à la gare : un corbillard conduisit les restes du pasteur jusqu'à l'entrée de cette paroisse qu'il avait tant aimée. Le clergé attendait, précédé des enfants des écoles, des Enfants de Marie et d'un grand nombre d'habitants; à l'église on chanta l'office des Morts, et le corps fut déposé au presbytère dans une chapelle ardente préparée avec une noble délicatesse.

Le lendemain, samedi, devaient avoir lieu les funérailles. Elles présentèrent un spectacle imposant. A la famille du vénéré défunt vinrent se joindre ses nombreux amis et plus de soixante-dix prêtres accourus de tous les points du diocèse, parmi lesquels on remarquait plusieurs chanoines de l'église métropolitaine, M. le Supérieur et les Directeurs du Grand-Séminaire, MM. les Doyens de Bourgogne, de Ville-en-Tardenois, de Pontfaverger, de Châtillon, de Fismes, d'Asfeld, de Verzy ; plusieurs professeurs du Petit-Séminaire ; M. l'abbé Guillin, entouré des professeurs de Rethel et d'anciens élèves du Collége.

La cérémonie funèbre était présidée par M. l'abbé Juillet, vicaire général, qu'une amitié d'enfance unissait à M. Ch. Hannesse.

A onze heures, le cortége se forma ; en tête s'avançaient les enfants des écoles, de l'hospice, conduits par leurs maîtres et par les religieuses, l'Association des Enfants de Marie. Les prêtres, placés sur deux rangs, chantaient alternativement les versets du Psaume *Conserva me, Domine*. Autour du cercueil, tout couvert de couronnes, M. Périn, chanoine, M. le Doyen de Fismes, M. le Directeur du Collége de Rethel, M. Philippot, le plus ancien curé du canton, tenaient les cordons du poêle. Le deuil était conduit par M. le Maire ;

derrière lui marchaient la famille, les membres du Conseil de fabrique et du Conseil municipal, les amis de M. Hannesse mêlés aux habitants.

Après avoir traversé plusieurs rues de la ville, on arrive devant le portail de l'église, tout tendu de noir; il y avait trois mois à peine que sous ce même porche, orné de blanches draperies, M. le Doyen recevait, au milieu de la joie commune, le premier Pasteur du diocèse ! Les tentures noires, les mille lumières qui brillent au fond du sanctuaire donnent un aspect de triste solennité à l'édifice, trop petit pour contenir la foule qui s'y presse. Après la messe, chantée par M. le Vicaire général, M. l'abbé Périn récite les prières de l'absoute et le cortége se dirige vers le cimetière. Près de la fosse, M. de Mareuil, se faisant l'interprète de tous, s'exprime en ces termes : « Avant que cette tombe ne se referme sur la dépouille mortelle de celui qui fut notre vénérable pasteur, qu'il me soit permis de dire ici, au nom de tous ses paroissiens, quelle haute estime, quelle vive reconnaissance son séjour, hélas ! trop court, parmi nous, a laissé dans nos cœurs. Nous garderons toujours un pieux souvenir de ce zèle, de ce dévouement infatigable, avec lesquels, déjà gravement atteint dans sa santé, il n'a cessé, jusqu'au moment où la maladie a trahi son courage, de se livrer aux fonctions de son ministère, au soulagement des malheureux, à l'instruction religieuse de nos enfants.

« Puisse l'expression de nos regrets sincères et profonds apporter quelque consolation à cette famille désolée qui pleure aujourd'hui la fin soudaine et prématurée de celui qui possédait et qui méritait si bien toute son affection. »

Ces paroles firent couler bien des larmes, puis chacun vint jeter l'eau sainte sur le corps du vénéré défunt qu'on laissait dans sa dernière demeure.

Au presbytère, où la famille s'était réunie, M. Juillet, dans quelques paroles sorties du cœur, retraça la vie pleine de dévouement et de vertus de M. Ch. Hannesse, y cherchant pour des parents affligés la seule vraie consolation. « M. le Vicaire général, répondit M. Hannesse le chanoine, en faisant l'éloge de mon frère, c'est le vôtre que vous faites, puisque dès son entrée au Petit Séminaire je vous l'avais confié. Vous avez bien voulu être son guide et son mentor. »

M. Ch. Hannesse avait, pendant sa vie, fait du bien autour de lui sans bruit et sans ostentation ; il affectionnait surtout les œuvres diocésaines et *catholiques*, et il a voulu leur venir en aide, même après sa mort. Suivant ses dernières dispositions, son souvenir sera conservé là où il a travaillé au bien des âmes, au Séminaire, à Fismes, au Collége de Rethel, à Ay.

Nous ne saurions mieux terminer cette notice qu'en reproduisant les paroles que Monseigneur l'Archevêque daignait écrire au frère du bien-aimé défunt : « ...... Il est au ciel plus heureux que nous, et jouissant en paix des longs et bons travaux que sa vie trop courte a multipliés au point d'avoir mérité l'éloge de l'Ecriture : *Consummatus in brevi, explevit tempora multa* ..... . Je perds en ce saint prêtre un de mes meilleurs auxiliaires, un cœur tout dévoué, un ami; le Clergé voit disparaître un de ses membres les plus édifiants et les plus autorisés, le diocèse un de ses plus zélés serviteurs. Quant à la paroisse d'Ay, elle peut seule nous dire l'étendue de sa perte. Que cette mort, si prompte et si saintement acceptée, soit du moins une grâce pour tous, et qu'elle nous donne auprès de Dieu un avocat puissant, qui nous console de ne plus le voir, en nous obtenant des bénédictions pour l'œuvre que nous poursuivions ensemble : glorifier Dieu et sauver les âmes. »

Imp. coop. de Reims, rue Pluche, 24 (par délég. : N. Monce).

www.ingramcontent.com/pod-product-compliance
Ingram Content Group UK Ltd.
Pitfield, Milton Keynes, MK11 3LW, UK
UKHW020535180726
13839UKWH00006B/2532

9 782329 605364